PLAN DESCRIPTIF

DE LA BAIE

ET

DU PORT DE CADIX,

AVEC LEURS ENVIRONS.

PARIS,

Chez DELAUNAY, LIBRAIRE,

PALAIS-ROYAL, GALERIE DE BOIS.

ET MARTINET, RUE DU COQ SAINT-HONORÉ.

1823.

NOTE DE L'ÉDITEUR.

Don Thomas Muñoz, Lieutenant-général et Ingénieur-général de la marine espagnole, avait fait, en 1820, à la demande de ses amis, une légère esquisse du *Plan de la baie de Cadix*, pour leur donner une idée de la situation de cette ville, de son port, de l'île de Léon et leurs environs; il y avait joint une Explication succincte des points principaux et des différentes qualités de terrain que ce Plan embrasse.

L'intérêt et l'attention publics sont aujourd'hui rassemblés sur les événemens dont ces lieux sont le théâtre. C'est ce qui me détermine à donner à cette œuvre une publication que l'illustre auteur, retenu de son vivant par des considérations particulières, avait toujours suspendue.

Aucun des Plans (presque tous faits à la hâte) que l'on ait publiés jusqu'à ce jour, ne peut soutenir la comparaison avec celui d'une personne qui a résidé pendant les deux tiers d'une longue vie à Cadix, avec la qualité de Commandant en chef des ingénieurs de la Carracca, et qui a fait sur le terrain même des travaux que les hommes les plus habiles de France et d'Angleterre venaient admirer et étudier.

L'auteur s'est attaché à décrire la variété des terrains et à faire ressortir la différence de chacun d'eux ; cette variété a une grande influence dans les opérations militaires et les lieux mêmes dont il s'agit en offrent un exemple sensible.

La petite dimension de l'Échelle n'a pas permis une plus rigoureuse exactitude dans les distances de peu d'étendue, mais on aura une approximation satisfaisante, quant aux distances plus longues et par conséquent plus intéressantes ; nous avons estimé les distances d'après la lieue du pays, et cette lieue sur l'Echelle est divisée en toises.

PLAN DESCRIPTIF

DE LA BAIE

ET DU PORT DE CADIX.

EXPLICATION.

N°. Ier.

CADIX. Belle, forte, riche et fameuse ville d'Espagne dans l'Andalousie ; elle est située à l'extrémité d'un isthme, sur des rochers, et ses remparts sont continuellement battus par les eaux de la mer; ces remparts terminés par une fortification régulière du côté de l'isthme, rendent cette place une des plus fortes de l'Europe ; elle en est aussi une des plus marchandes; aucune n'est plus riche en argent ; toutes les nations européennes y ont des maisons de commerce. Ses environs sont stériles, et pour jouir des agrémens de la campagne, les habitans sont obligés d'aller à Chiclana, distante de quatre lieues, où ils ont des maisons avec des jardins. Cadix n'a pas de fontaines, mais on trouve dans presque toutes les maisons des citernes qui reçoivent l'eau que la pluie apporte sur les terrasses ; une grande partie de la population est forcée de tirer son eau du port de Sainte-Marie, situé à deux lieues par mer et à cinq lieues par terre.

N°. II.

FORT SAINT-SÉBASTIEN. Ce fort, situé à la partie occidentale de Cadix, hors de la portée du canon, est construit sur des rochers qui l'entourent de toutes parts; on communique avec la place par une chaussée taillée dans ces rochers. Il y a en face de ce fort, à l'Ouest, une batterie avancée; on voit aussi un phare qui sert de guide aux navigateurs.

Pour éviter un bombardement semblable à celui que Cadix eut à souffrir en 1797, de la part des Anglais, (et qui n'eut aucun résultat pour eux,) on a fait une coupure (*cortadura*) au milieu de ces rochers; par ce moyen, le passage des chaloupes canonnières est libre de la partie du Nord à celle du Sud, sans qu'on soit obligé de doubler les pointes saillantes des récifs qui sortent en différentes directions.

Nᵒ. III.

Aguada. C'est une redoute circulaire qui regarde la baie; elle a pris le nom de *Aguada*, parce que c'est l'endroit où tous les bâtimens marchands vont faire de l'eau : ils la prennent dans des puits.

Nᵒ. IV.

Église Saint-Joseph. Cette église moderne est la paroisse des habitans *extra-muros* de Cadix, qui sont logés dans des maisons de bois. Depuis *la Aguada*, tout le terrain est sablonneux; on y a construit un chemin pavé ou route royale; et dans la partie du Nord, il y a beaucoup de jardins potagers qui, sur un fond de pur sable, produisent d'excellens légumes pour la consommation de Cadix.

Nᵒ. V.

Puntalès. C'est une langue de terre dans l'isthme au Nord et à une demi-lieue de Cadix; à l'extrémité de cette langue, se trouve un fort, nommé aussi *Puntalès*, lequel défend l'entrée du port; à l'Est, il y a divers bâtimens de bois qui servent de magasins et où l'on dépose les articles nécessaires au radoubage des navires marchands. Depuis l'église Saint-Joseph jusqu'au voisinage du fort Puntalès; dans la partie septentrionale, tout le terrain est couvert de genets qui y ont été plantés dans l'intention de retenir le sable; mais dans la partie du Midi, où est la route royale, et sur toute l'étendue de la côte, les vents empêchent cette plante, et même toute espèce de végétal, de se développer.

N°. VI.

CORTADURA. Cette fortification fut faite par les Espagnols en 1808; elle est éloignée de Cadix de trois quarts de lieue, et est située dans la partie la plus étroite de l'isthme, de manière qu'à la haute mer, les eaux baignent du côté du Nord la muraille formée par la chaussée ou grande route; et dans cet état de la marée, la distance d'un rivage à l'autre n'est que de cinquante ou soixante toises.

N°. VII.

TORRE-GORDA. Cette tour est située sur le bord de la mer et sert à transmettre à Cadix les signaux faits par les autres tours de la côte du Levant. Cette tour, qui est à une lieue de la ville, est environnée d'une batterie qu'on a élevée au dessus du niveau du chemin. Toute cette côte depuis Cadix est sablonneuse, comme nous l'avons dit, à l'exception de quelques espaces occupés par des rochers qu'on découvre dans les basses marées et qui sont indiqués sur le plan.

N°. VIII.

MOULIN DE SANTIBANEZ. Depuis la Cortadura, l'isthme commence à devenir plus large du côté du port; le terrain jusqu'au moulin de Santibañez est plus solide et plus élevé que celui de la côte que nous venons de décrire; en quittant ce moulin, on trouve un terrain d'une nature particulière dont les propriétés exigeraient sans doute une longue narration; c'est une espèce de

terre glaise qui s'affaisse sans effort. La facilité de l'exca-
ver avec la pelle, sa qualité et sa proximité de la mer,
avec laquelle ce terrain est presque de niveau, laissent
introduire l'eau dans l'intérieur des terres, et ont permis
d'y établir des salines qui produisent des sommes consi-
dérables à leurs propriétaires. Ces salines sont des bassins
d'une forme rectangulaire et d'une profondeur de trois
pieds. Avec les terres de l'excavation, on fait des murs
pour empêcher que l'eau y pénètre, ainsi que dans les
canaux et réservoirs qui fournissent celle qui est néces-
saire pour obtenir du sel.

N°. IX.

Rio Arillo. C'est un canal étroit ou bras de mer qui
séparait anciennement l'île de Cadix de celle de Léon,
et qui se jetait dans le canal qui sépare cette dernière du
Continent près la mer du Sud ; mais les sables ont fermé
cette communication, de manière que les deux îles n'en
forment aujourd'hui qu'une seule. Jusqu'à ce point le
terrain ressemble un peu à celui des salines de l'autre côté
de la grande route ; mais il n'est pas convenable pour en
établir, parce qu'il est mêlé avec du sable et des subs-
tances végétales entraînées par les eaux de quelques
petites collines du côté du Nord-est dudit canal ; ce canal
déborde dans la plaine qui est également couverte d'eau
dans les hautes marées et qui reste impraticable jusqu'à
ce qu'elle soit sèche. Le terrain est plus bas que le niveau
des sables de la mer du Sud ; cependant quelques vesti-
ges prouvent qu'il y existait jadis des salines. Il y a sur
ce canal un pont en bois, et non loin de lui, un moulin
à blé appelé *de los Mendez*. Ce canal sépare les districts
de Cadix et de l'île de Léon.

Après avoir passé la rivière ou canal *Arillo*, on
entre dans le district de l'île de Léon qui est séparée du

continent par un bras de mer ou canal qui se jette dans la mer du Sud à trois lieues et demie de Cadix. Cette île, dont le centre est éloigné de Cadix de deux lieues , était la campagne des habitans de Cadix ; les négocians les plus riches y avaient des superbes maisons de plaisance ; mais le gouvernement ayant destiné l'île de Léon pour la résidence du corps de marine , les négocians abandonnèrent leurs propriétés et choisirent la petite ville de Chiclana qui s'est beaucoup accrue par les édifices qu'ils y ont bâtis.

Les anciens édifices qui étaient à l'île de Léon furent le commencement de la ville qui a porté le même nom et qui s'est augmentée jusqu'à l'état où nous la voyons aujourd'hui.

Nᵒ. X.

Ile de Léon. Cette ville prit sa naissance à l'époque que nous venons de dire, mais sans ordre ni méthode ; chacun bâtissait où bon lui semblait ; en excavant des fondemens, on trouvait des carrières pour la construction ; et en peu de temps et à peu de frais, cette ville s'accrut à un tel point qu'avant la dernière épidémie, elle comptait 32,000 habitans.

Nᵒ. XI.

Nueva Poblacion de S. Carlos. Ce nouveau bourg fut projeté vers l'an 1774 à 1775 , à cause de la grande distance de l'île de Léon à la *Carraca* ; il a été formé sur les carrières qui avaient fourni la pierre pour bâtir l'*île de Léon*. Ce nouveau bourg n'avait d'autre destination que celle de loger le corps de la marine, et dans ce but, on bâtit l'église, l'hôtel du capitaine-général , celui de l'intendant, celui de l'administration générale de la marine, et la caserne pour les troupes de la marine, le tout aux frais de l'Etat. Les particuliers n'y ont pas d'établissemens, parce que le Gouvernement voulait vendre le terrain à un prix excessif. Tout ce terrain, en y comprenant une grande partie de l'île de Léon jusqu'à la rivière d'*Arillo*, est élevé et va ensuite en déclinant vers cette rivière et vers les bords du canal qui sépare l'île de Léon du continent, ainsi que vers le canal en face du nouveau bourg et du port ; le reste est marécageux et impraticable. Sur le canal qui se trouve de face au nouveau bourg, il y a un pont en pierre où aboutit le chemin qui mène à la *Carraca*. Lorsque le Gouvernement espagnol se retira à l'île de Léon, au commencement de 1810, ce bourg, connu jusqu'alors sous le nom de *San-Carlos*, et la ville de l'île de Léon furent réunis et appelés *San-Ferdinand*.

N°. XII.

MAGASINS A POUDRE DE FADRICAS. Ces magasins appartiennent à la marine ; ils sont situés sur un terrain ferme avec un môle pour embarquer et débarquer la poudre des vaisseaux. On les appelle aussi magasins de *Fadricas*.

N°. XIII.

MAGASINS A POUDRE DE SÉTINA. Ces magasins appartiennent à la place de Cadix dont ils sont éloignés de deux lieues. Ils sont situés sur une hauteur appelée *Sétina*, dont ils prennent le nom.

N°. XIV.

OBSERVATOIRE. Cet édifice, qui est situé sur une petite élévation, appartient à la Marine qui est chargée des observations astronomiques et de la formation des almanachs de navigation.

N°. XV.

TORRE ALTA. Cette tour est située sur une petite colline : il y a un télégraphe communiquant avec un autre établi sur la *Torre gorda*, qui transmet les signaux à celui de Cadix. Les environs de cette tour et de l'Observatoire sont des prairies abondantes en très-bon pâturage, ainsi que les hauteurs de *Sétina*. Dans les environs de la ville et dans ceux de *Chiclana*, il y a beaucoup de jardins qui fournissent Cadix de légumes.

N°. XVI.

CASERIA DE OSIO. Cet édifice sert de magasin pour les vivres des vaisseaux de l'État ; on y fabrique du biscuit, et on y sale la viande ; on y embarque aussi de l'eau pour les vaisseaux, qu'on tire, avec des machines, de puits creusés dans les alentours.

N°. XVII.

PONT DE SUAZO. Ce pont, qui sert de communication entre l'île et le continent, est en pierre : les deux têtes du pont sont fortifiées par des redoutes des deux côtés du chemin, lesquelles sont protégées par des fossés qui se remplissent d'eau dans les hautes marées. Le terrain est vaseux, ainsi que celui des salines, et par conséquent impraticable. Il n'y a d'autre terrain solide que le grand chemin et tout au plus trois pieds de chaque côté. Lorsque l'armée française avança, en 1809, vers l'Andalousie, les Espagnols coupèrent une des arches de ce pont du côté du Continent, et pratiquèrent aussi différentes coupures sur le grand chemin. Le bras de mer sur lequel ce pont se trouve, s'appelle canal de l'île de Léon jusqu'au delà de l'emplacement de ce pont ; et de ce point jusqu'à l'endroit où il se jette dans la mer du Sud, il prend le nom de canal de *Santi-Petri*, parce que les eaux se dirigent de ce côté, et vers le pont. De ce canal sortent plusieurs autres bras qui prennent le nom des endroits vers lesquels leurs eaux montent. Un d'eux va à *Chiclana*, et passe au milieu de la ville ; un autre conduit à *Bartibas*, moulin à blé, distant d'un quart de lieue de *Chiclana*. De l'île de Léon, on peut aller par ces canaux à tous ces différens points, en s'embarquant au canal de *Saporito*, où il y a un moulin de ce nom.

N°. XVIII.

SANTI-PETRI. C'est un petit château situé sur un îlot un peu avancé dans la mer, et duquel les piétons peuvent communiquer avec la côte, quoiqu'avec beaucoup de difficultés, à l'aide des rochers qui y viennent aboutir, et qui ne sont à découvert que dans les basses marées. On ne peut entrer dans le canal qui sépare l'île de Léon du continent que du côté du Sud ; mais l'entrée est très-dangereuse dans la marée basse, même pour de petits bâtimens, à cause des rochers qu'on ne voit pas. Dans les hautes marées, les navires de 200 à 250 tonneaux peuvent y entrer, mais avec la même précaution que les petits : c'est pourquoi il faut avoir beaucoup pratiqué ce passage pour s'y engager sans danger.

N°. XIX.

LA CARRACA. Cet arsenal est le premier de la Marine royale et il doit cet honneur, peut-être moins à la magnificence de ses édifices, qu'à la situation de la grande baie et du port de Cadix. Il est isolé ; il a un de ses fronts sur le canal de l'île de Léon, sur lequel il y a un môle pour y entrer au moyen d'une barque. Sur ce front sont construits les chantiers et les trois digues ou bassins, pour radouber les vaisseaux. De ce canal, dans la direction du Nord-est, il en sort un autre qui s'avance dans l'intérieur des terres en plusieurs ramifications, comme il est représenté sur le Plan. Les bâtimens désarmés sont stationnés dans ce dernier canal. Vers ce côté de l'arsenal , il y a des magasins où l'on conserve les agrès des vaisseaux. Sur les deux autres fronts, il y a des canaux qui restent à sec dans les marées basses ; sur le plus grand de ces canaux se trouvent les ateliers de mâture et les magasins où on la conserve, et sur l'autre, la corderie. Depuis l'arsenal jusqu'à la grande route, il n'y a que des salines , et par conséquent le terrain est impraticable.

Nº. XX.

PUERTO REAL. Cette petite ville est coupée en deux par la grande route ; elle est garnie d'un quai , dans le centre duquel il y a un saillant qui sert de môle dans les hautes marées : dans les basses , il reste presqu'à sec, excepté un petit canal par lequel on va au port.

Nº. XXI.

CHATEAU DE MATAGORDA. Ce château et celui de *Puntalès* forment l'entrée du port. Il est situé sur le continent et dans un isthme où l'Etat a des magasins et une digue ou bassin pour radouber les frégates : il est garni d'un quai formant l'un des bords du canal dit le *Cano del Trocadero.* L'autre bord est une île où il y a aussi des magasins ayant un quai par devant. Dans ce canal sont stationnés les bâtimens désarmés du commerce : c'est là qu'on les radoube.

Nº. XXII.

CHATEAU FORT-LUIS. Ce château est sur l'extrémité de l'île qui forme le *Cano del Trocadero.* Ce château et celui de *Matagorda* défendent l'entrée du canal ainsi que celle du port.

Dans l'intérieur , du côté Nord de la baie , il y a un bras de mer qui s'avance dans les terres à plus d'une lieue : ce canal porte le nom de rivière de *Saint-Pierre.* L'espace compris entre les bords de l'eau et la grande route , est appelé *Argaira* ; c'est là que les troupes françaises furent campées en 1811. A peu de distance de la droite du chemin , le terrain est bas dans une grande étendue sur les deux bords ; et, dans les grandes marées , ce canal déborde des deux côtés , ce qui rend le terrain impraticable jusqu'à ce qu'il devienne sec. Il y a sur cette rivière un pont de bateaux.

N°. XXIII.

PORT SAINTE-MARIE. Cette ville , bâtie sur la rive droite du *Guadalete*, jouit de la beauté de cette partie de l'Andalousie. Sa communication facile avec Cadix à qui elle fournit de l'eau et des vivres , l'a enrichie ; néanmoins le banc de sable , qui est à l'embouchure de la rivière , et qui est très-dangereux en hiver , lui devient très-nuisible. Pour traverser le *Guadalete*, il y a un pont de bateaux qui aboutit à la route royale de Xérèz. Cette rivière est navigable jusqu'auprès de cette dernière ville , ce qui facilite le transport de ses riches productions à Cadix.

N°. XXIV.

CHATEAU DE SAINTE – CATHERINE. En suivant la rive droite du *Guadalete* un peu au-delà d'une demilieue du *port Sainte-Marie* , se trouve le *Château de Sainte-Catherine* , sur une pointe que forme la côte qui va à Rota. Du côté de la mer , ses remparts sont garnis d'un récif en rochers. La côte , depuis le *port Sainte-Marie* jusqu'au château , est extraordinairement sablonneuse. Sur cette plage on met à sec les bateaux pêcheurs qui apportent à Cadix et dans ses environs , une quantité surprenante de poissons. Ce château et Cadix , qui forment l'entrée de la baie , ne peuvent pas la défendre, la distance de l'un à l'autre point étant trop grande ; néanmoins cette entrée n'est pas facile pour ceux qui ne la connaissent pas bien, à cause des écueils qu'on signale sur le Plan. Il en existe encore d'autres qui s'avancent beaucoup dans la mer, et que le peu d'étendue de ce Plan ne permet pas de faire voir. Tels sont les récifs de Rota. Cette petite ville est éloignée de *Sainte-Catherine* d'une lieue et demie, en suivant la côte indiquée sur le Plan, et elle est à deux lieues de Cadix par mer. (*)

(*) Cette légère description suffira pour donner une idée des difficultés que les différentes qualités de terrain présentent pour les opérations militaires.

Quelques lecteurs regretteront sans doute que l'auteur n'ait point donné cours à ses réflexions sur un sujet aussi intéressant. Mais peut-être craignait-il qu'en cédant au désir d'instruire il ne vint à divulguer des choses que la prudence et le devoir l'obligeaient de tenir cachées ; car, quoique repoussé de l'Espagne sur la fin d'une carrière qui n'avait pas été sans gloire, son cœur n'avait cessé d'être tout espagnol.

« Le moment, disait-il, arrivera sans doute où l'Espagne me « permettra de développer toutes mes idées sur ce point consi- « déré militairement, mais en attendant je dois couvrir d'un « nuage épais tout ce que j'aurais à en dire. »

NOTES.

Voulant raccourcir le Plan , nous avons interrompu la côte de la mer du Sud , et nous avons séparément formé l'embouchure de la R. Santi-Pétri et son château , qui comme nous l'avons dit , est éloigné de Cadix de trois lieues et demie , et d'un peu plus d'une des magasins à poudre de Sétina.

Les endroits marqués de ce signe X , sont de petites hôtelleries appelées dans cette partie de l'Espagne *Ventorrillos*.

Le chemin de Cadix jusqu'à la ville St.-Fernando est presque de niveau , mais toujours plus élevé que les plus hauts terrains qui l'environnent et particulièrement vers la Cortadure , où cette élévation est de 9 pieds du côté du port. Dans les autres parties , elle est toujours au moins de 3 pieds , d'où il résulte que les sables contenus ne peuvent jamais parvenir à embarrasser entièrement la route.

DE L'IMPRIMERIE DE HOCQUET.

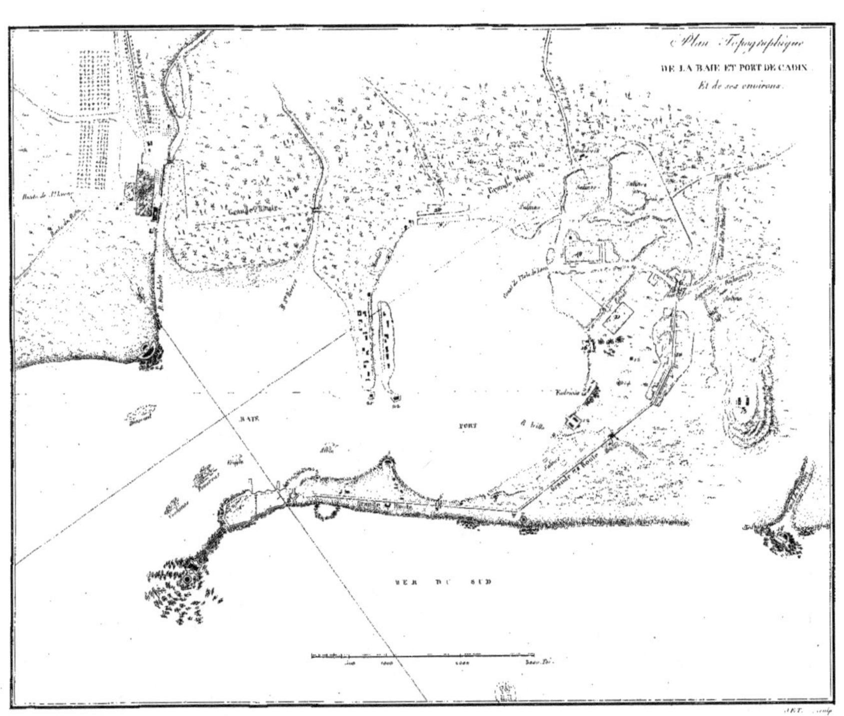

Plan Topographique
DE LA BAIE ET PORT DE CADIX
Et de ses environs.
BAIE
PORT
MER DU SUD

9 782014 031775